M. ESQUIROU DE PARIEU

SON ROLE POLITIQUE

SON INFLUENCE LOCALE

DEUXIÈME ÉDITION

AURILLAC

IMPRIMERIE DE L. BONNET-PICUT, RUE DU CONSULAT
1886

M. ESQUIROU DE PARIEU

SON ROLE POLITIQUE

SON INFLUENCE LOCALE

DEUXIÈME ÉDITION

AURILLAC

IMPRIMERIE DE L. BONNET-PICUT, RUE DU CONSULAT

1886

M. ESQUIROU DE PARIEU

Son rôle politique. — Son influence locale.

2ᵉ ÉDITION

I.

C'est à Aurillac que naquit, le 13 avril 1815, d'une ancienne famille cantalienne, M. Félix Esquirou de Parieu. Ses études classiques, commencées au collége d'Aurillac, continuées à Lyon, se terminèrent brillamment au célèbre collége de Juilly, d'où sont sortis une foule d'hommes éminents qui ont laissé dans l'histoire de notre pays, durant ce siècle, la trace profonde de leur féconde influence.

Dès lors, M. de Parieu se distinguait par la maturité précoce de son jugement et par une remarquable aptitude aux travaux les plus divers. Ainsi, pendant qu'il étudiait le droit aux Facultés de Strasbourg et de Paris, il apprenait plusieurs langues vivantes, et, durant les vacances, il parcourait à pied, le marteau du géologue à la main, toutes les montagnes d'Auvergne, recherchant déjà, dans un examen scientifique du sol, des roches et du climat, les moyens d'ouvrir à l'agriculture locale la voie du progrès.

Dès 1841, M. de Parieu, docteur en droit, occupait, à côté de M. Rouher, une place importante au barreau de Riom.

Il ne resta pas longtemps dans le calme de la vie provinciale. En 1848, bien qu'il n'eût pas encore trente-trois ans, la notoriété de M. de Parieu et de sa famille était telle, dans le Cantal, qu'il fut élu, le deuxième sur sept, représentant du peuple à l'Assemblée Constituante.

II.

Il y parut, comme la plupart des représentants d'alors, en partisan du régime républicain, à la condition que ce régime fût, pour la société et pour la France, non le symbole de la dissolution et de l'anarchie, mais la garantie de l'ordre et la défense de tous les intérêts. Il y pratiqua dès lors ces trois choses, qui sont l'honneur de toute sa vie politique et qui guidèrent avant tout sa conduite : la recherche sincère de la vérité, l'honnêteté absolue des moyens, l'amour profond et exclusif de son pays.

On ne tarda pas à apprécier M. de Parieu. Successivement, les commissions chargées d'examiner l'impôt progressif en matière de succession, l'impôt sur le revenu, l'apprentissage, le choisirent pour rapporteur. Mais, il se produisit bientôt dans une occasion plus solennelle.

Le 5 octobre 1848, l'Assemblée nationale discutait

une question constitutionnelle grave entre toutes : celle de la nomination du président de la République. Les uns, ne voyant que le suffrage universel, voulaient qu'il fût la base et la source des pouvoirs du Président ; les autres, au contraire, voulaient que ces pouvoirs émanassent de l'Assemblée elle-même. C'est à cette occasion que M. Grévy formula le célèbre amendement d'où sortit toute sa fortune politique.

M. de Parieu monte alors à la tribune et prononce le discours qui est certainement la page maîtresse de ce grand débat. Avec une hauteur de vues, avec une clairvoyance qu'on ne peut s'empêcher d'admirer, en constatant combien les événements l'ont justifiée, il combattit ardemment l'élection directe du Président par le suffrage universel. « A ce pouvoir », disait-il éloquemment, « à ce pouvoir dépendant dans un certain degré, « vous allez donner une source indépendante !.. Quand « vous voulez un pouvoir fort contre ceux qui se dé- « roberaient à la loi, mais faible vis-à-vis de ceux qui « la font, vous allez lui donner, en quelque sorte, les « racines du chêne pour mettre au-dessus une végé- « tation de roseau. Vous êtes inconséquents ! »

Le peintre Couture, qui assistait à la séance, voulut en fixer le souvenir en peignant l'orateur. On vit au Salon de 1849 ce portrait qui fait aujourd'hui l'ornement de la maison de la rue d'Aurinques.

D'une taille élancée, boutonné dans un de ces longs vêtements bleus de l'époque, l'homme est debout, comme en présence de l'Assemblée houleuse, agitée ; il est calme, mais, dans la profondeur de l'orbite, ombragé d'épais sourcils, le regard vous pénètre de son acuité singulière : on comprend qu'il voit loin et bien ; la mâchoire est puissante ; la lèvre inférieure, légèrement proéminente est prête à s'ouvrir pour livrer passage aux pensées qui descendent d'un large front ; la main forte, osseuse, saisit à la broyer la chaise sur laquelle elle s'appuie. C'est bien dans toute sa vigueur physique, intellectuelle et morale, le type de cette forte race des Arvernes, rivaux des Romains dont ils se croyaient frères, qui tint si longtemps levé, au milieu des Gaules asservies, le drapeau de l'indépendance :

> *Avernique ausi Latios se fingere fratres*
> *Sanguine ab iliaco populi.*

Chose singulière ! Ce discours, qui devait particulièrement plaire au général Cavaignac, parut lui être désagréable. C'est à partir de ce moment, au contraire, que Louis-Napoléon tint à se rapprocher de l'orateur qui prévoyait ainsi les évènements.

L'Assemblée Constituante se dissout. M. de Parieu est élu, le premier, par 20,889 suffrages, membre de l'Assemblée Législative. Le 31 octobre 1849, il accepta le portefeuille de l'Instruction publique et des cultes dans le ministère constitué à la suite du Message présidentiel, et continua d'en faire partie jusqu'au 24 janvier 1851. Avant tout, partisan du légitime développement des libertés publiques, à la tête desquelles se place la liberté d'enseignement, M. de Parieu ne trompa pas l'attente des conservateurs : il soutint la loi de l'enseignement, qui fut votée le 15 mars 1850. C'était, modifiée dans un sens plus acceptable par l'Université, la loi précédemment présentée par M. de Falloux.

III.

Tout le monde sait, même parmi les écrivains les plus hostiles, que M. de Parieu n'a pas eu la moindre participation au coup d'Etat. Il n'était plus ministre, voyait peu le Président, n'était point mêlé aux conseils secrets, s'occupait exclusivement de son mandat législatif ou des travaux importants qui devaient le placer au premier rang parmi les économistes et les jurisconsultes. En 1850 parut, en effet, l'*Etude sur les actions possessoires*, dont les premières pages présentent, sur les fondements de la propriété, des considérations qui sont encore d'une véritable actualité.

Après le deux décembre, M. de Parieu fut appelé à faire partie de la commission consultative. Dans l'organisation du Conseil d'Etat, il reçut, à cause de la notoriété de ses rapports financiers de 1848, la présidence de la section des finances. C'est au Conseil d'Etat, dont il fut nommé vice-président en 1855, que M. de Parieu resta jusqu'à la chute de l'Empire; c'est comme ministre présidant le Conseil d'Etat qu'il fit partie du ministère constitué le 2 janvier 1870. Dix-huit années de travaux incessants, considérables! Alors, en effet, le Conseil d'Etat était chargé de la préparation des lois que votait le pouvoir législatif; c'étaient les membres de ce corps qui remplacèrent d'abord, et ensuite assistèrent les ministres, comme commissaires du gouvernement dans toutes les discussions importantes. C'est ainsi que M. de Parieu reparut souvent à la tribune des deux Chambres.

L'influence de M. de Parieu était grande, surtout dans les questions d'impôts. Il portait dans leur étude cet amour de la vérité et de la justice, qui lui a toujours fait rechercher l'intérêt du peuple et la plus grande proportionnalité possible dans la répartition des charges publiques. A cet égard, M. de Parieu eut souvent à lutter contre des influences contraires qui, pendant de longues années, lui firent préférer pour la présidence

du Conseil d'Etat, des hommes plus disposés à sacri-
fier aux exigences de la politique. Et puis, M. de Parieu
n'était pas un courtisan ; il tenait à n'être qu'un conseiller. C'est ainsi qu'il désapprouva la politique guer-
rière de l'Empire, à partir de la guerre d'Italie. Il vit
avec peine cette entreprise révolutionnaire qui, de l'u-
nité italienne, devait avant longtemps tirer l'unité
allemande.

A plusieurs reprises, les influences qui combattaient
M. de Parieu tentèrent de l'éloigner du Conseil d'Etat,
une fois en lui proposant le gouvernement de la Ban-
que, une autre fois en lui offrant la première-prési-
dence de la Cour des Comptes. M. de Parieu refusa
constamment. Il tenait à honneur de rester dans ce
Conseil qu'il éclairait de ses lumières, dont il dirigeait
en réalité tous les travaux ; il tenait à honneur d'en
occuper un jour la première place.

En 1857, M. de Parieu, toujours dans une pensée
de répartition plus équitable des charges directes, posa
la question de l'impôt sur les valeurs mobilières.
Grâce à son insistance, le principe de cet impôt triom-
pha de la vive opposition que lui faisaient les per-
sonnages les plus considérables du Gouvernement ;
une loi en régla immédiatement l'application que des
lois ultérieures ont développée.

Quelques années plus tard, en 1862, M. de Parieu
rendit un autre signalé service aux intérêts du peuple.
M. Fould demandait alors le relèvement de la taxe sur
le sel. Ce projet, porté devant le Conseil d'Etat, y avait
été adopté, malgré les critiques ardentes que M. de
Parieu en avait faites. Ces critiques eurent plus de
succès devant le Corps Législatif où elles excitèrent
un tel soulèvement d'opinion que le Gouvernement

dût retirer le projet. Les populations échappaient à l'aggravation du plus inpopulaire des impôts. L'Empereur, d'abord mécontent de cette opposition, revint bientôt à des sentiments plus justes et tint à le faire savoir. Apercevant, un soir, aux Tuileries, le vice-président du Conseil d'Etat, il alla vers lui et lui dit de manière à être entendu de tous : « M. de Parieu, vous avez combattu l'impôt sur le sel, et vous avez eu raison. » Quelques jours plus tard, le souverain répéta la même observation devant un grand nombre de personnes, voulant sans doute marquer par cette insistance combien il appréciait le service rendu.

En 1865, M. de Parieu fut appelé à la présidence de la conférence monétaire qui, par l'union de la France, de la Belgique, de la Suisse et de l'Italie, marqua le premier pas sérieux dans la voie de l'unification des monnaies. Cette idée se développant, grâce aux publications de M. de Parieu, une conférence internationale, dans laquelle plus de vingt Etats d'Europe et d'Amérique étaient représentés, discuta au ministère des affaires étrangères les conditions de l'unification générale des monnaies. La conférence avait pour président le ministre des affaires étrangères, M. de Moustier, et pour vice-président M. de Parieu, qui prit dès la seconde séance la direction effective des travaux. Sous prétexte que la question était trop importante pour que les commissaires internationaux fussent présidés par le vice-président du Conseil d'Etat, un décret inattendu remit la présidence au prince Napoléon. M. de Parieu donna alors un grand exemple d'abnégation en continuant à siéger dans la conférence. Pour l'en récompenser, il fut promu, en août 1869, à la dignité de Grand-Croix de la Légion-d'Honneur ; il avait été nommé Grand-Officier en 1857,

Commandeur en 1854, Officier en 1852, et Chevalier en 1850 (1).

Des travaux si divers n'absorbaient pas l'activité intellectuelle de M. de Parieu. Après l'*Essai sur les actions possessoires* (1850), œuvre de jurisprudence, parut, en 1853, l'*Essai sur la statis'ique agricole du Cantal*, sur lequel nous reviendrons plus loin. Mais ce n'étaient là que des œuvres secondaires. De 1856 à 1864, furent publiés les deux ouvrages qui ont établi d'une manière indestructible, la compétence particulière et magistrale de M. de Parieu, en matière d'impôt. Le premier s'appelle : *Histoire des impôts généraux sur la propriété et le revenu*; le second : *Traité des impôts considérés sous le rapport historique, économique et politique en France et à l'étranger*.

Le *Grand dictionnaire universel du XIX siècle* de P. Larousse, œuvre d'esprit essentiellement républicain, s'exprime ainsi au sujet de l'*Histoire des impôts :* « Cet ouvrage mérite de fixer l'attention de tous ceux que préoccupent les questions de finances ; c'est le meilleur résumé que nous connaissions de toutes les discussions suscitées par cet important problème si longtemps agité de l'impôt sur le revenu.... Le livre de M. de Parieu a obtenu un réel succès tant en France qu'à l'étranger, Les journaux anglais et allemands, la *Gazette d'Augsbourg*, notamment, ont apprécié avec le soin et l'attention qu'il mérite, cet ouvrage qui apporte des documents précieux et irréfutables dans une question si controversée. »

Et, à l'égard du *Traité des impôts :* « Cet ouvrage im-

___

(1) M. de Parieu reçut aussi, à l'occasion de ses travaux monétaires, les Grand-Croix des Saint-Maurice et Lazare, de Wasa, de Saint-Grégoire-le-Grand, de Léopold-de-Belgique, de la Conception de Portugal et du Sauveur de Grèce.

portant est l'un des plus solides, des plus substantiels,
des plus intéressants qui aient paru depuis longtemps
sur un sujet dont personne ne contestera l'intérêt. Le
dessein de l'auteur est nettement indiqué dans le
passage suivant emprunté à sa préface : « Mon but a été
« de classer rationnellement les diverses taxes, de mon-
« trer leurs relations mutuelles, leurs effets et les lois
« de leur formation, d'éclairer enfin les grands résultats
« de justice distributive et de ressources financières,
« réalisées par les principales d'entre elles, plutôt que
« de préconiser des révolutions financières par tout le
« monde, ou de me borner à l'étude des questions con-
« tentieuses que soulève l'application stricte de nos
« lois fiscales. »

Le *Grand Dictionnaire* poursuit ainsi son appré-
ciation motivée de cette œuvre capitale : « Dans sa
partie théorique, l'auteur émet souvent des opinions
fort justes sur les questions les plus difficiles de l'impôt ;
*les économistes, les philosophes et les administrateurs
ne peuvent que gagner à méditer les idées d'un juge si
compétent.* Mais la partie historique, qui est de beaucoup
la plus considérable, fait le principal mérite de l'ouvrage.
Depuis les *Mémoires sur les impositions*, publiés au
dernier siècle, par Moreau de Beaumont, il n'a rien paru
d'aussi étendu, d'aussi complet sur les contributions
des divers pays de l'Europe, comparées à celles de la
France. »

Ces grands travaux avaient, depuis quelque temps
déjà, ouvert à M. de Parieu les portes de l'Académie
des sciences morales et politiques.

La place de M. de Parieu était marquée dans ce
ministère du 2 janvier 1870 qui achevait d'inaugurer
ce que la majorité du pays approuvait sous le nom
d'Empire libéral. Conseiller austère, souvent écarté

pendant plus de quinze ans. M. de Parieu entrait au ministère avec la présidence du Conseil d'Etat. L'horizon, si radieux un instant, ne devait pas tarder, hélas! à s'assombrir. La position de M. de Parieu dans le ministère était surtout motivée, comme il l'a déclaré lui-même en 1871, aux électeurs qui lui renouvelèrent alors son mandat de Conseiller général, « par la néces-« sité de faciliter les rapports entre le gouvernement et le « Conseil d'Etat chargé de la préparation des lois. » Il n'est pas sorti de ce rôle. Et, lorsque vinrent les jours difficiles où il s'agit de jeter les dés sur l'échiquier des batailles, M. de Parieu, au milieu d'un peuple affolé d'ardeurs belliqueuses et d'un gouvernement tiraillé et indécis, partagé entre la crainte du dehors et la crainte du dedans, n'hésita pas, contre les sentiments de tous les hommes de guerre, contre la manifestation bruyante des multitudes, à faire entendre les paroles de la paix et les « sollicitudes de l'humanité ». Il ne pouvait pas, il ne devait pas aller au delà et risquer, par une démission retentissante, de paraître douter de la fortune de la France et de la justice de la cause nationale.

Au surplus, M. de Parieu a dit là dessus toute sa pensée, en 1871, dans une publication dont plusieurs éditions successives ont affirmé le succès et la portée: les *Considérations sur l'histoire du second Empire,* imprimées d'abord à Aurillac, reproduites ensuite dans la seconde édition d'un maître livre, daté de 1870: les *Principes de la science politique.* J'extrais de ce livre ces lignes en quelque sorte prophétiques, qui résument d'une façon saisissante tout le problème d'organisation de la démocratie française: « La pré-« dominance exclusive d'un élément politique dans « une constitution y est un germe d'abus et de tyran-« nie. Le pouvoir de la multitude, s'il n'était contenu

« et balancé par la représentation de la sagesse et de
« l'expérience, par l'intelligence des traditions légi-
« times, par la considération de la science, par le
« respect des caractères et des services, ferait reculer
« un grand peuple, au lieu de lui ouvrir ces voies
« de sage progrès dans lesquelles nous désirons voir
« marcher notre patrie. »

A la fin de ses *Considérations,* M. de Parieu a dit
encore avec non moins de justesse profonde : « Sous
« des influences partout et exclusivement démocratiques,
« nos institutions judiciaires, militaires, religieuses,
« administratives, cette grande armature nécessaire à
« une nation civilisée, seraient bientôt menacées. »

Le programme politique de M. de Parieu est là tout
entier. Il l'avait déjà formulé en 1848 ; et, en 1871, il
pouvait dire aux électeurs sans craindre un démenti
sérieux : « J'ai exécuté tout ce que le mouvement du
« temps et la représentation de vos intérêts me per-
« mettaient d'accomplir. » C'est ce même programme
qu'il affirma, en 1876, en se présentant aux élections
sénatoriales.

IV.

Au Sénat, le rôle de M. de Parieu fut aussi marqué
que dans les assemblées précédentes. Il y débuta par
une discussion de plusieurs jours sur la question monétaire contre M. Léon Say, ministre des finances, discussion qui amena ce dernier à faire édicter des mesures
qui restreignirent d'abord, et supprimèrent ensuite la
fabrication des pièces de 5 fr. d'argent, au grand béné-
fice du Trésor public, ainsi que l'ont apprécié tous les
ministres des finances qui se sont succédé depuis
lors.

Les questions d'impôts, surtout celle de la péréquation de l'impôt foncier, la conversion de la rente, les
discussions des budgets, et particulièrement de ceux
de l'instruction publique et de l'agriculture, l'ont
toujours trouvé sur la brèche. Et ces mêmes questions,
M. de Parieu ne s'est pas contenté de les exposer à la
tribune, il les a développées dans la *Revue Contempo-
raine*, dans le *Correspondant*, dans la *Revue Européen-
ne*, dans le *Contemporain*, dans le *Journal des Économistes*. Je trouve, en effet, de lui, en 1871 : les *Nouveaux
impôts*; en 1872 : la *Réforme de l'impôt devant l'Assemblée nationale*; en 1875 : *La Politique française
dans la Question monétaire cosmopolite*; en 1876 : *Du
Progrès agricole dans le Cantal*; en 1878 : *La Question
de l'Uniformité monétaire*; en 1882 : la *Fausse direction de la Démocratie en France*. J'en passe, et beaucoup. Personne ne s'est mêlé davantage au mouvement
contemporain des idées.

Lors de la discussion du fameux article VII, qui con-
tenait en substance toutes les atteintes que la liberté
d'enseignement eût depuis à subir, M. de Parieu n'ou-
blia pas qu'il était l'un des fondateurs de cette liberté
menacée par les modernes jacobins. On attaquait hypo-
critement la loi de 1850, il n'hésita pas à la défendre.
Le discours qu'il prononça dans ce débat mémorable,
éloquent et vengeur, parmi tant de paroles éloquentes
et vengeresses de la liberté qui tombèrent alors de la tribune du Luxembourg, contribua puissamment au rejet
de l'article, dernière preuve sérieuse d'énergie que le
Sénat ait donnée contre les entreprises révolutionnaires
de l'opportunisme.

Mais M. de Parieu n'a point à se reprocher de dé-
faillance. Et il a pu dire, en toute justice et vérité, que
ses votes ont été « constamment inspirés par le désir

« d'affirmer dans la démocratie française les grands
« principes conservateurs d'ordre, de justice, de reli-
« gion, d'économie, si souvent méconnus depuis quel-
« ques années et qui seuls, cependant, peuvent garantir
« une liberté sage et servir de bases à un gouverne-
« ment durable. »

Il est temps de nous occuper de M. de Parieu à un
autre point de vue.

V.

Trente-sept années de vie publique, occupées aux
plus hautes questions d'intérêt général, n'ont pas,
une minute, fait perdre de vue à M. de Parieu les intérêts particuliers du Cantal.

C'est en 1848 qu'il entra dans l'Assemblée départementale comme conseiller général du canton nord d'Aurillac. Il en a présidé les travaux depuis 1850 jusqu'en
1870, et de 1874 à 1877.

S'il me fallait entrer ici dans le détail, j'écrirais non
pas quelques pages improvisées, mais un gros livre
pénétrant au fond de toutes les questions qui intéressent
le pays d'Auvergne.

Comment nier les services que M. de Parieu a rendus
à son département ? Ceux qui disent : M. de Parieu a été
trop mêlé aux grandes affaires pour s'occuper des affaires départementales, ont oublié d'ouvrir la volumineuse
collection des comptes-rendus du Conseil général.
S'ils l'ont fait, ils ne sont pas de bonne foi ; car, depuis
1848, l'action de M. de Parieu dans les affaires canta-
liennes y est inscrite à chaque page.

En entrant au Conseil général, il a trouvé étudiée,
depuis 1846, sous la direction de M. le contrôleur
général Pontet, la sous-péréquation départementale.

Cette péréquation a été mise à exécution en 1850, la première année de la présidence de M. de Parieu.

La plupart des améliorations relatives à la viabilité départementale et vicinale ont été accomplies de 1850 à 1877. A cet égard, le Conseil général n'a fait que suivre, depuis lors, la voie antérieurement tracée.

Quelle n'a pas été aussi l'influence de M. de Parieu pour l'heureuse solution des questions de chemins de fer!

On est peut être trop porté à oublier les services dont les résultats sont depuis longtemps acquis. C'est ainsi que les Cantaliens qui jouissent des facilités que leur procure la voie d'Arvant à Figeac ne se souviennent plus des difficultés qu'il a fallu vaincre pour en obtenir le classement. Et, lorsque ce classement fut obtenu et que les travaux eurent été faits jusqu'à Murat d'un côté, jusqu'à Aurillac de l'autre côté, quelles difficultés encore pour obtenir l'exécution de la section de Murat à Aurillac! En vain, M. Rouher essaya-t-il de prouver que ces travaux étaient trop dispendieux, impraticables, qu'il fallait se contenter des deux abords ; M. de Parieu résista, et démontra que rien n'était fait pour le Cantal si la montagne n'était traversée ; et il obtint gain de cause.

C'est encore à sa ferme initiative et à son action persévérante que le Cantal a dû de voir classer, par la loi de 1868, la voie d'Aurillac à St-Denis, qui abrégera de 60 kilomètres le trajet d'Aurillac à Paris et, par la section de St-Denis au Buisson, fera du Cantal le plus court chemin de Bordeaux à Lyon.

M. de Parieu n'a jamais cessé non plus de soutenir le chemin de Clermont à Tulle avec l'embranchement de Vendes-Mauriac à Aurillac.

Qui donc a rendu de plus signalés services ?

M. de Parieu, on peut le dire, n'a jamais eu qu'un

but, une pensée : faire profiter le Cantal de son influence.

Ce n'est pas tout.

Les questions agricoles, si importantes, si capi-
tales dans un département comme le Cantal, ont
particulièrement préoccupé M. de Parieu. Pour lui,
la présidence de la Société centrale d'Agriculture
du département, qu'il occupe depuis 1874, n'est point
un vain titre. L'*Essai sur la statistique agricole*, où
sont tour à tour examinés le labourage et le pâturage,
l'arboriculture et la viticulture, l'enseignement agricole,
reste ce qui a été dit de meilleur sur l'agriculture
cantalienne, dont il expose les principes, les observa-
tions fondamentales, les expériences et les résultats
comparés. « On voit », dit l'un de ses biographes,
M. Henri Durif, (1) « que la pensée de notre compa-
« triote se reporte avec persévérance sur les montagnes
« amies de sa jeunesse. » Les éléments de ses études,
M. de Parieu les a cherchés partout, et particulièrement en Suisse et en Piémont, spécialement visités pour
cet objet.

C'est notamment à l'imitation de la station laitière de
Lausanne qu'il a fait établir, près d'Aurillac, la froma-
gerie modèle de Cuèlhes, dirigée par le bureau de la
Société et offrant aux producteurs du département des
exemples d'une fabrication perfectionnée, à laquelle
sont initiés de jeunes apprentis vachers.

Il est donc juste de reporter à l'initiative de M. de
Parieu et de ses collaborateurs les résultats de jour en
jour plus appréciés de la Société centrale d'Agriculture
du Cantal.

(1) M. Félix Esquirou de Parieu. Essai sur sa vie et ses ouvrages,
par M. Henri Durif. Aurillac, 1868.

M. de Parieu a, d'ailleurs, toujours compris que les progrès si activement poursuivis, ne pourraient être complètement réalisés qu'autant que les efforts locaux se relieraient aux études des grandes sociétés d'agriculture et à l'action centrale du ministère.

Dès son arrivée au Sénat, M. de Parieu avait été frappé de l'état incomplet de l'enseignement agricole en France. On avait bien rétabli l'Institut agronomique et maintenu les trois grandes écoles supérieures ; mais, au-dessous, presque rien, quelques chaires départementales placées au hazard, sans aucun lien. Il lui parut dès lors nécessaire de poursuivre le développement de cet enseignement, d'abord par la création des chaires départementales d'agriculture. C'est dans ce but qu'en 1877 il proposa, à la tête d'un groupe de sénateurs, un projet de loi ayant pour objet d'organiser l'enseignement agricole, afin « d'expliquer, « de féconder, d'embellir l'agriculture par les leçons « de la science, » de faire « descendre le progrès « au sein de la routine, » de donner « à l'intelligence « de nos agriculteurs l'aliment à la fois le plus utile « et le plus élevé », de « les attacher ainsi par des « liens nouveaux et moralisateurs au sol de la patrie », « de « leur montrer, en dehors de l'atmosphère sou- « vent épuisante des villes, une carrière de jouissan- « ces et de labeurs vivifiants pour eux autant qu'utiles « à la fortune du pays. »

Ce projet, voté par le Sénat et la Chambre des députés, est devenu la loi du 16 juin 1879, qui a organisé l'institution des chaires départementales d'agriculture. Il y a lieu d'espérer que la création d'écoles régionales, déjà réclamées par M. de Parieu à la tribune du Sénat, en 1883 et 1884, viendra bientôt compléter le système de l'enseignement agricole.

C'est le vœu que M. de Parieu avait déjà formulé, en 1876, en terminant sa brochure sur le *Progrès agricole dans le Cantal* :

« A nous de mettre en lumière ces grands intérêts
« oubliés et de fonder sur notre terre une sorte d'école
« pastorale qui puisse un jour devenir une école ré-
« gionale au profit de la France entière ! »

Soit qu'il ait traité des questions politiques, soit qu'il ait envisagé des questions agricoles, qui préoccupent chacun de nous, M. de Parieu l'a fait avec une élévation de vues reconnue de tous.

VI.

Écarté lors des élections sénatoriales de janvier 1885, au troisième tour de scrutin, par la coalition des opportunistes et des radicaux, M. de Parieu est resté à l'Institut, à la Société nationale d'agriculture, au conseil de la Société des Agriculteurs de France et à la Société centrale d'agriculture du Cantal le défenseur de toutes les idées utiles, le promoteur persévérant de toutes les pensées de progrès.

Aurillac.— Imprimerie de L. Bonnet-Picut.